Aprendiend

Editorial Gustavo Gili, SL

Rosselló 87-89, 08029 Barcelona, España. Tel. 93 322 81 61
Valle de Bravo 21, 53050 Naucalpan, México. Tel. 55 60 60 11
Praceta Notícias da Amadora 4-B, 2700-606 Amadora, Portugal. Tel. 21 491 09 36

Denise Scott Brown

Aprendiendo del pop

GG mínima

Título original: "Learning from pop", publicado en *Casabella*, 359-360, diciembre de 1971.

Colección **GGmínima**
Editores de la colección: Carmen H. Bordas, Moisés Puente
Versión castellana: Moisés Puente
Diseño Gráfico: Toni Cabré/Editorial Gustavo Gili, SL

Queda prohibida, salvo excepción prevista en la ley, la reproducción (electrónica, química, mecánica, óptica, de grabación o de fotocopia), distribución, comunicación pública y transformación de cualquier parte de esta publicación —incluido el diseño de la cubierta— sin la previa autorización escrita de los titulares de la propiedad intelectual y de la Editorial. La infracción de los derechos mencionados puede ser constitutiva de delito contra la propiedad intelectual (arts. 270 y siguientes del Código Penal). El Centro Español de Derechos Reprográficos (CEDRO) vela por el respeto de los citados derechos. La Editorial no se pronuncia, ni expresa ni implícitamente, respecto a la exactitud de la información contenida en este libro, razón por la cual no puede asumir ningún tipo de responsabilidad en caso de error u omisión.

© Denise Scott Brown
© de las fotografías: Cortesía de Venturi, Scott Brown and Associates, Inc.
© Editorial Gustavo Gili, SL, Barcelona, 2007

Printed in Spain
ISBN: 978-84-252-2120-0
Depósito legal: B. 2.156-2007
Impresión: Lanoográfica, Sabadell (Barcelona)

Denise Scott Brown
Aprendiendo del pop
1971

Las Vegas, Los Ángeles, Levittown,[1] los marchosos solteros de Westheimer Strip,[2] los complejos de campos de golf, los clubes náuticos, Co-op City,[3] los decorados domésticos de las telenovelas, los anuncios de televisión y los de las revistas de gran tirada, las vallas publicitarias y la Ruta 66[4] son las fuentes para un cambio en la sensibilidad arquitectónica. Las nuevas fuentes se buscan cuando las viejas formas se vuelven caducas y la salida no está clara; entonces una herencia clásica, un movimiento artístico o la "arquitectura sin arquitectos"[5] de los ingenieros industriales y de los primitivos pueden ayudarnos a sacudirnos de encima los restos floridos de la vieja revolución, tal como la habían practicado los conservadores descendientes de sus creadores. En los Estados Unidos de la década de 1960 se añadió un ingrediente extra a esta receta para el cambio artístico: la revolución social. La *urban renewal*,[6] que había dado trabajo a los arquitectos durante dos décadas y aglutinado los flácidos restos del movimiento moderno, no sólo estaba artísticamente trasnochada, sino que además era perniciosa socialmente. La urgencia de la situación social, la crítica social de la *urban renewal* y del arquitecto como sirviente de la estrecha y rica franja de población —en particular la crítica de Herbert Gans—[7] han tenido tanta importancia como los artistas pop a la hora de conducirnos hacia la ciudad norteamericana actual y sus constructores. Si los arquitectos de estilo no producen lo que la gente quiere o necesita, ¿quién lo está haciendo y qué podemos aprender de ellos?

Necesidades, en plural

La sensibilidad hacia las necesidades es un primer motivo para dirigirse hacia la ciudad actual. Una vez allí, la primera lección para los arquitectos es la pluralidad de necesidades. Ningún constructor/promotor en sus cabales anunciaría: construyo para el Hombre. Él construye para el mercado, para un grupo de gente definido por su nivel de ingresos, edad, estructura familiar y estilo de vida.

Las *levittowns*, los centros de ocio y las casas en hilera al estilo georgiano nacen de la estimación que alguien efectúa sobre las necesidades de los grupos que constituirán su mercado. La ciudad puede considerarse como el artefacto construido para un conjunto de subculturas. En este momento son pocas las subculturas que recurren por voluntad propia a los arquitectos.

Por supuesto, aprender de lo que "está ahí" está sujeto a las salvedades y a las limitaciones de todo análisis conductista

Franquear
como tarjeta
postal
**Stamp as
a postcard**

http://www.ggili.com

Editorial Gustavo Gili, SL
Apartado de correos 35.149
08080 Barcelona (España)

GG®

http://www.ggili.com

Datos personales Personal details

Apellidos Surname

Nombre First Name

Profesión Profession

Dirección Address

Población Town

Código postal Post code

Provincia State

País Country

e-mail:

Temas de catálogo Catalogue subjects

☐ **Arquitectura y Construcción** Architecture and Construction

☐ **Diseño Gráfico, Diseño Industrial y Dibujo**
Graphic Design, Industrial Design and Drawing

☐ **Arte y fotografía** Art and Photography

Estimado lector,

Si desea recibir gratuitamente nuestro catálogo e información periódica acerca de nuestras novedades editoriales por correo electrónico, por favor rellene sus datos personales e indique los temas de su interés. Asimismo, puede descargar un catálogo completo en formato PDF, desde nuestra página web.

Dear reader,

If you wish to receive a free copy of our catalogue and subscribe to our electronic newsletter for information on our latest publications, please fill out the form with your personal details and indicate the subject(s) in which you are interested. You can also download the complete catalogue in PDF format from our web site.

Conforme a la LO 15/1999 "Usted tiene derecho a acceder a sus datos, y a rectificarlos o cancelarlos, en su caso" (se estudia una conducta limitada, y no lo que la gente haría en otras circunstancias). Los pobres no viven por voluntad propia en bloques de apartamentos, y quizá tampoco las clases medias vivan voluntariamente en *levittowns*; quizá el estilo georgiano sea menos adecuado para el habitante de las casas en hilera que el precio de su alquiler. En tiempos de escasez de vivienda, éste es un argumento especialmente convincente contra el conductismo arquitectónico puesto que la gente no puede votar contra una creación en concreto, manteniéndose al margen, si no existe una alternativa. Para contrarrestar este peligro, se deben buscar entornos comparables donde, por alguna razón, las restricciones no obliguen. Hay entornos que sugieren cuáles podrían ser los gustos de los grupos con limitaciones económicas si estuvieran menos costreñidos. Son los entornos de los nuevos ricos: el Hollywood de antaño, Las Vegas de hoy en día y las casas de

las estrellas de cine, los deportistas y
otros grupos cuyo ascenso social puede
parecer un despegue en vertical, pero
que continúan manteniendo una escala
de valores previa.

Otra fuente son los decorados de los
medios de comunicación, del cine, de las
telenovelas o de los anuncios de pepinillos en vinagre y de lustramuebles. En
este caso, el objetivo no es vender casas
sino algo bien distinto, y los decorados
representan la idea que alguien tiene
(¿los publicistas?) sobre lo que quieren
los compradores de pepinillos en vinagre
o los espectadores de telenovelas para
una casa. Hoy en día el punto de vista de
los observadores del mundo publicitario
puede ser tan tendencioso como el del
arquitecto, y debería estudiarse a la luz de
lo que está intentando vender; ¿debería
la arquitectura-pepinillo parecer hogareña
como mi casa, o elegante como la tuya,
si de lo que se trata es de vender pepinillos en vinagre? Pero, al menos, es otra

tendencia, una alternativa al mirarse el ombligo que tan a menudo practica la arquitectura para investigar; por ejemplo, al preguntarse: ¿qué hizo Le Corbusier? Aunque nos puedan decir poco de las necesidades de los muy pobres, tanto el mundo de la publicidad como el del constructor cubren un espectro más amplio de la población y superan una prueba de mercado más dura que el arquitecto de la *urban renewal* o de las viviendas de promoción pública; y sólo aprendemos de estas fuentes que la arquitectura debe ser diferente para los diferentes grupos, que ya es bastante. Pero la alternativa a ambos análisis es examinar qué hace la gente con los edificios —en las *levittowns*, en las zonas altas de los ricos, en los terrenos poco definidos y en las barriadas— una vez viven allí. En este caso, los costes y la disponibilidad son fuerzas menos restrictivas puesto que la empresa es menor. Además, los cambios a menudo tienden

a ser más simbólicos que estructurales
y las aspiraciones quizá se deducen con
mayor facilidad de los símbolos que de
los edificios.

Prestar atención a lo construido para
estar al corriente de las necesidades no
significa que preguntar a la gente lo que
quiere no sea también extremadamente
necesario. Se trata de un tema importante,
como en la relación entre los dos tipos
de estudios, preguntar y observar, pero
no es el objeto de esta investigación,
que trata sobre lo que podemos aprender
de los artefactos de la cultura popular.

Análisis formal como investigación proyectual

Una segunda razón para mirar hacia la cultura popular es encontrar vocabularios formales que hoy en día resulten más pertinentes ante las diversas necesidades de la gente, y que sean más tolerantes ante el desorden de la vida urbana que los órdenes formales "racionalistas" y cartesianos de la actual arquitectura moderna. ¿Cuánta vivienda barata y arquitectura decimonónica ha sido eliminada para que algunos pulcros arquitectos o urbanistas puristas pudieran empezar de cero, haciendo borrón y cuenta nueva?

Los arquitectos modernos pueden ahora reconocer que cualesquiera que sean las fuerzas, los procesos y las tecnologías que determinan la forma arquitectónica, las ideas sobre la forma la determinan igualmente; que un vocabulario formal forma parte de la arquitectura tanto como los ladrillos y el mortero (los plásticos y

los sistemas para los futuristas); que la forma no surge, no puede surgir exclusivamente de la función, recién nacida e inocente como Venus saliendo de la concha, sino, más bien, que la forma sigue, entre otras cosas, a la función, las fuerzas y la propia forma. Si se las reconoce conscientemente, las tendencias formales no tienen porqué tiranizar, como sí lo hicieron en la *urban renewal*; y los vocabularios formales que surjan en la arquitectura podrán estudiarse y mejorarse para adaptarlos a los requerimientos funcionales, más que ser aceptados de manera inconsciente e inadecuada (como una vieja herencia de algún maestro sin importancia). Las formas del paisaje popular son tan relevantes para nosotros ahora como lo fueron las formas de la Roma Antigua para los *beaux arts*, el cubismo o la arquitectura maquinista para los primeros modernos, y la región industrializada inglesa de los Midlands o los dogones para el Team 10; mejor dicho, son extremadamente relevantes, mucho más que la última batisfera, plataforma de lanzamiento o complejo hospitalario (e incluso, con permiso de Reyner Banham, que el muelle de Santa Mónica).[8] Al contrario que éstos, nos hablan de nuestras circunstancias no sólo desde el punto de vista estético, sino también a muchos niveles, desde el punto de vista de la necesidad: desde la necesidad social de realojar a los pobres sin destruirlos, hasta la necesidad arquitectónica de producir edificios y entornos que otros necesiten y que gusten. El paisaje popular se diferencia de los primeros modelos en que también es el lugar donde construimos, nuestro contexto. Es una de las pocas fuentes contemporáneas de datos sobre los aspectos comunicativos y simbólicos de la arquitectura, puesto que no fue tocado por la simplificación purista que el movimiento moderno aplicó a la arquitectura al reducirla a espacio y estructura únicamente.

Pero el análisis formal presenta un problema. En primer lugar, dado que la forma ha sido un tema ilegítimo durante mucho tiempo, hemos perdido la costumbre de analizarla; y, en segundo lugar, las formas con las que tratamos son nuevas y no se relacionan fácilmente con la arquitectura tradicional o con las técnicas urbanísticas de análisis y comunicación. La proyección ortográfica a duras penas contempla la esencia del letrero del Stardust[9] y, aunque éste tenga la longitud de una manzana y un apabullante impacto visual in situ, no queda bien representado en un plano de usos. Siendo un espacio automóvil, el espacio suburbano no se define por paredes y suelos delimitadores, y es, por tanto, difícil de representar gráficamente utilizando sistemas creados para la descripción de edificios. De hecho, el espacio no es el componente urbano más importante de la forma suburbana, sino la comunicación en el espacio, que requiere incorporar un elemento

simbólico y temporal en los sistemas
de descripción que poco a poco se van
creando para ella.

Las nuevas técnicas de análisis deben
hacer uso del cine y del vídeo para trans-
mitir el dinamismo de la arquitectura
de signos y la experiencia secuencial
de enormes paisajes; y se necesitan
ordenadores para agrupar en patrones
comprensibles datos repetidos en serie.
También deberían revitalizarse algunas
técnicas tradicionales valiosas mediante
su aplicación a los nuevos fenómenos;
por ejemplo, al adaptar a los aparcamientos la técnica de mediados del siglo XVIII
para el trazado de mapas de Roma de
Nolli,[10] se arroja bastante luz sobre Las
Vegas. También se prestaría con bastante
facilidad a las técnicas informáticas.

El análisis formal debería ser comparativo
y conectar mediante la comparación las
nuevas formas con el resto de la tradición formal de la arquitectura, incorpo-
rándolas así a la disciplina arquitectónica

y ayudándonos a entender nuestra nueva experiencia a la luz de nuestra formación formal. Al proponer que la forma debería analizarse, no doy a entender que la función (el programa), las tecnologías o las fuerzas (los procesos sociales urbanos o el mercado del suelo) no sean de vital importancia para la arquitectura, ni tampoco que no puedan servir como fuentes de inspiración artística para el arquitecto. Todas son necesarias y trabajan conjuntamente. Simplemente, no todas son sujeto de esta investigación.

La sopa en lata y el *establishment*
Hay cierta ironía en el hecho de que la cultura "popular" y el paisaje "popular" no sean populares entre quienes toman las decisiones sobre cómo renovar la ciudad y realojar a los pobres. Cito a John Kenneth Galbraith,[11] un importante e influyente liberal, en un artículo en la revista *Life*:

"Hay algunas sencillas pruebas que dirán al ciudadano cuándo se ha pasado de la palabrería a la acción práctica sobre el entorno. La restricción en el uso del automóvil en las grandes ciudades será una; otra será que se retiren de las autopistas los anuncios publicitarios, las peores y casi las más inútiles excrecencias de la civilización industrial. Otra más será que se soterren los cables de electricidad y de telefonía presentes por toda la ciudad y aceptemos el cargo adicional en nuestras facturas.

Mi propia prueba personal, que podría ser útil, se refiere a la gasolinera. Es la

Famous
HICKORY
BROILER
OPEN 4:00 PM
ORT
E
– T-V
ZE POOL
BO
EL
NCE
NO
U
TURN

pieza de arquitectura más repelente de los últimos dos mil años. Hay muchísimas más de las necesarias. Normalmente están mugrientas. Los productos que tienen a la venta están terriblemente empaquetados y expuestos chabacanamente. Las largas ristras de banderitas andrajosas están incontrolablemente enviciadas. Su salvaguardia es un mal augurio de una coalición entre grandes y pequeños hombres de negocios. Las gasolineras deberían retirarse totalmente de la mayoría de calles y carreteras. Allí donde estuvieran permitidas, deberían ser franquicias para limitar su número, y debería haber severos requerimientos respecto a su arquitectura, su apariencia y su reticencia general. Si empezamos por ahí (también con los negocios de carretera similares), pensaré que hablamos en serio".[12]

Galbraith ni siquiera menciona la necesidad de viviendas de bajo coste como un problema medioambiental urgente y, en mi opinión, debería ceñirse a la economía. Pero la sabiduría convencional de la que hace gala Galbraith es compartida por sus colegas, los ancianos radicales de la arquitectura responsables de los comités artísticos estadounidenses, de las secciones de "proyecto" de los Departamentos de Vivienda y Desarrollo Urbano (HUD) y de los organismos de planeamiento y de nuevos desarrollos; son ellos quienes planifican y construyen para las grandes empresas públicas y privadas y los que gozan de la confianza de quienes construyen la ciudad. Si de lo que se trata es de hacer un buen servicio al público a través de sus decisiones, estos miembros del *establishment* arquitectónico deben aprender a distinguir, para llevar a cabo un análisis distinto, entre sus criterios estéticos y el resto de preocupaciones sobre "contaminación medioambiental". Las aguas nauseabundas y los carteles publicitarios son problemas de diferente orden y magnitud.

Lo primero no puede hacerse bien, pero lo segundo sí; en especial si nos ofrecen la oportunidad de estudiarlos un rato, sin erigirnos en jueces.

Si se eliminan los barrios "apestosos" junto a los carteles publicitarios y las gasolineras en nombre de evitar la "contaminación visual", el daño social puede ser irreparable. Sin embargo, no se renunciará a una vieja fórmula estética, incluso si se demuestra que entraña obstáculos, hasta que se reemplace por otra nueva, puesto que, como ya hemos visto, la forma depende de sí misma para hacerse. Y para el *establishment* arquitectónico, el nuevo vocabulario debe tener un linaje respetable. Por tanto, si el entorno popular es el que proporciona ese vocabulario, para ser aceptado debe filtrase mediante procesos adecuados. Debe pasar a ser parte de la tradición del gran arte; debe ser la vanguardia del año pasado. Ésa es otra de las razones para someter el nuevo paisaje al análisis arquitectónico tradicional: que sea aceptado por el *establishment*. No pueden aprender del pop hasta que el Pop entre en las academias.

Apuntarse al pop

Para aquellos arquitectos que esperan poner sus habilidades a la última, he recomendado una investigación de las formas de la nueva ciudad existente basada tanto en cuestiones sociales como estéticas. El gran arte ha seguido al arte bajo, y viceversa; de hecho, ¿de dónde salió por primera vez el arco parabólico de MacDonald's y el *split-level ranch*?[13]

En el paso del arte bajo al gran arte reside un elemento del aplazamiento del juicio. El juicio se suspende con el fin de entender y ser receptivo. Se trata de una apasionante técnica heurística, pero también de una técnica peligrosa, pues la afición por toda la cultura pop es tan irracional como odiarla en su conjunto, y puede dar lugar a un "subirse al carro" del pop generalizado e indiscriminado, donde todo vale y en lugar de postergar el juicio, se lo abandona. Más aún, los artistas, arquitectos y actores deben

juzgar, aunque, espero, tras una pausa.
Después de un intervalo razonable,
deben surgir unos criterios adecuados
de la nueva fuente. El juicio simplemente
se aplaza para hacer más sensatos los
juicios ulteriores.

Notas:

[1] En Estados Unidos, Levittown es el nombre que recibieron tres suburbios construidos después de la II Guerra Mundial por Levitt & Sons, la empresa constructora más importante del país por entonces. Al utilizar técnicas de fabricación en serie, hicieron que la construcción pasara de métodos artesanales a construcción en serie. Sus métodos fueron copiados por constructores de todo el país [N. del T.].

[2] El Westheimer Strip, situado entre Westheimer Road y Montrose Boulevard en Houston (Texas), fue famoso en la década de 1960 por su vida nocturna [N. del T.].

[3] Co-op City (1969-1971) es una zona de cooperativas de vivienda situada en Baychester, al noreste del barrio neoyorquino del Bronx, que cuenta con más de 15.000 viviendas repartidas en 35 torres de 24-33 plantas y siete grupos de edificios que hicieron que, en su época, fuera el conjunto de viviendas más grande de Estados Unidos. Cuenta con aparcamientos, tres centros comerciales, centros educativos, una estación de bomberos, cines, tiendas, supermercados, etc. [N. del T.].

[4] *Route 66*: famosa autopista que conecta las costas este y oeste de Estados Unidos. Inaugurada en 1938, arrancaba del lago Michigan (Estado de Illinois) y, en dirección sur, atraviesa los estados de Misuri, Kansas, Oklahoma, Texas, Nuevo México y Arizona hasta llegar a California. Con más de 4.000 km se convirtió en el principal eje este-oeste del país [N. del T.]

[5] La autora hace referencia al libro de Bernard Rudofsky: *Architecture without architects. A short introduction to non-pedigreed architecture* [catálogo de la exposición homónima], The Museum of Modern Art, Nueva York, 1964 (versión castellana: *Arquitectura sin arquitectos. Breve introducción a la arquitectura sin genealogía*, Editorial Universitaria, Buenos Aires, 1973) [N. del T.].

[6] La *urban renewal* (renovación urbana), o *urban regeneration* (regeneración urbana) alcanzó su punto álgido entre finales de la década de 1940 e inicios de la de 1970. Aunque tuvo su origen en el desarrollo de barrios residenciales y zonas comerciales, tuvo un efecto enorme en el paisaje estadounidense y a menudo dio como resultado una gran expansión urbana (*sprawl*) y la destrucción de barrios consolidados socialmente [N. del T.].

[7] Herbert Gans (Colonia, 1927) es un sociólogo, educador y autor de estudios sobre la emigración como formadora de la identidad estadounidense, como *The urban villagers* (1962), *The Levittowners* (1967), *People and plans* (1968) o *Popular culture and high culture* (1974), entre otros [N. del T.].

[8] Aquí se hace referencia al libro de Reyner Banham: *Los Angeles; the architecture of four ecologies* (Harper & Row, Nueva York, 1971), un influyente estudio sobre Los Ángeles recién publicado cuando la autora escribió este artículo [N. del T.].

[9] En su libro *Aprendiendo de Las Vegas*, Robert Venturi, Denise Scott Brown y Steven Izenour utilizan el ejemplo del casino Stardust como edificio-anuncio en el *strip* de Las Vegas [N. del T.].

[10] Giambattista Nolli (1701-1756), topógrafo italiano autor de *La pianta grande di Roma* (1748), uno de los levantamientos más célebres de la Roma barroca [N. del T.].

[11] John Kenneth Galbraith (1908-2006), economista de origen canadiense líder del liberalismo y del progresismo norteamericano, fue profesor de Harvard University y trabajó para la administración estadounidense bajo diversos mandatos presidenciales. Entre otros textos sobre economía y política, es autor de *Capitalismo norteamericano* (1952), *La sociedad opulenta* (1958) y *El nuevo estado industrial* (1967) [N. del T.].

[12] Galbraith, John Kenneth, "To my new friends in the affluent society – greetings", en *Life*, 27 de marzo de 1970.

[13] Un *ranch* es una vivienda unifamiliar típica de los suburbios estadounidenses que se hizo muy popular en el país durante las décadas de 1950 y 1960. *Split-level* se refiere a una casa de una planta que tiene una parte en dos entreplantas, una de ellas semienterrada [N. del T.].